이바구 시선 30

만만세 아다지오

이향영(Lisa Lee) 시조집

도서출판 이바구

시인의 말

봄의 아다지오를 켜며

이 책에 실린 시조들은
제 삶의 고요한 틈새를 뚫고
피어난 엷은 홍예입니다.

『만만세 아다지오』를 펼쳐 주신
모든 분께 감사드리며,
느리지만 감미로운 멜로디로
독자 여러분의 일상에 소소한
위무와 기쁨이 되기를 소망합니다.

2026년, 봄, 아다지오를 켜며
이향영 Lisa Lee

시인의 말 03

제1부 인생 플러스

신앙꽃 13

맺어지리 14

매일의 기적 15

보호받는 삶 16

미움꽃 17

피렌체 18

부활 소망 이루다 19

히스기야처럼 20

하늘 왕 21

바벨의 십자가 22

무지개 사랑 23

하늘 향기 24

제2부 별에서 온 소녀

완성한 꿈 27

튤립 미소 28

피에타 29

말의 온도 30

인생 31

배움 꽃 32

이 순간 33

푸른 산소 34

흰상사화 35

죽어서 사는 길 36

연명 치료 거부 37

무엇이든 38

제3부 허공에 뜬 그리움

인생 플러스	41
거꾸로 보는	42
겨울 책	43
달빛 사랑	44
사탕꽃	45
사랑비	46
꽃, 경계	47
시니어 시간	48
몸이 남의 것	49
누름꽃	50
빛과 거짓	51
가면 크기	52

제4부 윤동주 시인의 언덕

헤르쯔 아날로그 ― 헤르쯔 작곡가를 생각하며 55

가지 탕 56

윤동주 언덕 57

그대와 나는 58

망각한 찰라 59

밀양역 60

몸 풀고 61

84세 62

목적이 없는 삶 63

축복 여는 달님 64

믿음 떡 65

특별한 삶 ― 한 조카를 그리워하며 66

제5부 바보 의사 장기려

부모, 희생 69
멋진 사람 70
미련 없는 관계 71
지구 꽃 72
미움은 73
기쁘미 74
꽃, 젊음 75
반전의 위대함 76
별은 지고 뜨고 77
바보 의사 78
기차 안 79
플랫폼9 80

제6부 별은 지고 뜨고

그와 너 — 아리스토텔레스 말 83

만약에 고이모 84

괜찮은 외로움 85

망구꽃 86

무덤이 된 가슴 87

망모의 유서 88

현시대 89

모두 삭제해 90

봉사자 아너 이명기 91

마감, 셀프 장례 92

별꽃과 소녀 93

몽상 94

제7부 만만세 아다지오

푸르른 밀당	97
타인은 적이다 — 장 폴 사르트르 말	98
마스크	99
부모님, 참새 떼	100
만만세 아다지오	101
미토콘드리아 지켜	102
표류하는 낙하산	103
비우면 산다네	104
보라 꽃	105
영혼 꽃	106
MT 시간	107
경남정보대학교 동문들	108
해설	110

제 1 부

인생 플러스

신앙꽃

믿음은 누림이고
가슴의 슬픔 끈다

이웃이 그대 가족
사랑은 기쁨이다

타인도
그분의 자녀

사랑 맺은 신앙꽃

맺어지리

표정을 두고 갈게
네 향기 그리우면

시선을 살살 쓸어
거기로 마주 보면

별꽃은
너와의 관계
천계에서 맺으리

매일은 기적

교만이 고개 든다
혼자만 잘났다고

일상이 기적 아닌
기적이 은혜인데

영성을
깨워 표현해
사랑하라 이웃을

보호받는 삶

무릎 띠 동여매고
늦가을 낙엽 밟고

허리띠 졸라매고
깊은 산 산책로를

외롭게
홀로 걷는데

들려오는, 그 신비!

미움꽃

미움은 골육이다
심장의 꽃무지개

미움이 변두리고
꽃밭은, 타자이다

형제는
그분의 자녀
신이 맺은 하나다

피렌체

추억은 꽃잎 따라
여행은 실천 따라

두오모 성당에서
그이를 만난 설렘

사랑이
싹튼 가슴은

신기루를 품는다

부활 소망 이루다

삼위 신 하나로서
영광 옷 입으셨네

하나님 사랑해요!
예수님 자랑해요!
성령님 감사해요!

너희는
경배드리고
부활 소망, 이뤘네

히스기야처럼

간절히 기도하면
소망을 들으신다,

절실히 기도하면
태양도 멈추신다,

현대는
히스기야의
기도처럼 절실해

하늘 왕

당신은 사랑이고
당신은 거룩이고,

당신은 별이시고
당신은 달이시다,

너에게
빛과 소금은

하늘의 왕 진리다

바벨의 십자가

고통을 확성기로
알리는 그분 음성

기도를 데면데면
그래도 은혜이다

격랑이
날벼락처럼

승리하는 십자가!

무지개 사랑

네 안에 속삭이는
채홍이, 말을 거네

믿음은 바라는 것
원죄가 구속(救贖)되고

신자는
죽어도 사는

그분 사랑 홍예문!

하늘 향기

마음에 피는 심화(深化)
그분의 희생 사랑

너희의 미래이고
지구의 향내이다,

그분은
너에게 깊이
뿌리내린 하늘 꽃!

제 2 부

별에서 온 소녀

완성한 꿈

혼돈 속 숨어 있는
문란한 질서의 힘

소녀의 일상에는
별꽃의 꿈 있었네

달처럼
거룩한 정경
황홀하게 빛나네

튤립 미소

파도는 쉬지 못해
폭풍이 떠밀어서

후려친 반복의 힘
낙망은 대성의 길

절실한
꿈, 꽃을 밟고
튤립 미소 피는 길

피에타

어머니 흘린 눈물
오대양 채워졌네

아들의 주검 안고
내일도 기도하는

마리아!
하늘 사랑은
영원불멸 기도다

말의 온도

무엇을 말해 볼까,
그리움 불러낸다!

무언가 누구에게
선물을 주고 싶다

그이는
어떤 색깔로
표현할까 사랑을

인생

어릴 때 찬 기저귀
늙으면 다시 찬다!

민망히 여기더니,
그분의 섭리인걸

꽃들은
고되게 살다
하늘나라 입성해

배움 꽃

스승님 곁에 가면
진리의 향내 진동

그 향기 너무 좋아
오늘도 머물고파!

참삶은
깊이로 사는

뜻이 열린 배움길

이 순간

빠르게 노을이다
지루한 젊음 죽여

살아 낸 빠른 세월
진달래 피의 계절

별꽃이
살아 있으니
고마워서 다 주자

푸른 산소(酸素)

가슴에 화초 심어
향내를 호흡하고

입술의 험담일랑
잡초니 뽑아내고

너와 나
솔 향기 키워
피톤치드 견인해

흰상사화

찢기는 그리움을
허공에 걸어 놓고

못 잊어 흐르는 강
쉼 없이 바라보네

네 영혼
쓰라린 결핍

내지르는 사랑병

죽어서 사는 길

내 호흡 연명 거부
장기가 필요한 곳

그들이 해부하는
의학도 손끝의 꽃

죽음이
다시 태어나
태양으로 빛나네

연명 치료 거부

좋구나 이 시스템
스스로 디자인해

시간을 절단하는
결심을 구상하고

목숨을
포기한 순수
참 위대한 멋쟁이

무엇이든

여름은 학교이고
겨울은 배움이다

가을은 공부 시간
때로는 길 밖에서

꽃들은
자라는 큰 달

너와 내가, 승리다

제 3 부

허공에 뜬 그리움

인생 플러스

사알자 존엄하게
존엄성 있게 죽자

사는 게 성공이고
죽으면 승리한다,

성도는
무덤이 사는

소망 있는 천국!

거꾸로 보는

글자가 괄시받는
시대는 동계이다

죽음이 거부하는
흐르는 그곳에는

낭만이
까만 눈이고
당신만이 천재다

겨울 책

그대가 안 읽어도
괜찮아 너는 쓴다,

버려도 된다니까
왜냐면 네 멋이다,

그들은
자기 뜻대로
사는 것이 봄이다

달빛 사랑

그대는 나의 숨결
초대를 안 하여도

세상을 지워 놓고
비밀리 찾아오는

달빛이
길을 낸 사랑

오늘따라 비감해

사탕꽃

알사탕 조각해서
너에게 주고 싶어

우리의 사이처럼
키스가 달콤하리

들판에
사탕 꽃 가득
너를 위해 피었네

사랑비

좋아해 달콤하게
사랑해 부드럽게

너만을 그려 놓고
한세상 살아갈 때

지루한
계절 속으로

스며드는 사랑비

꽃, 경계

위험해 고압가스
조심해 너희 모두

실존은 불쌍해도
지켜야 꽃피운다,

너희들
경계 넘으면

폭발한다, 태양이

시니어 시간

소리가 이탈하고
사물은 음계 망각

위장이 줄어들고
음식은 리듬 잃고

핏줄은
못 떠나가도
결국 우린, 홀로다

몸이 남의 것

마음은 잘 걷는데
다리는 타인의 것

자연은 올발라서
진리를 가르치고

싱싱한
시절 뒤에는,

고목만이 달빛을

누름꽃

너와 나 강물 되고
나와 너 슬픔 되고

너와 나 기쁨으로
나와 너 꽃이 피고

별꽃 빛
이별 안에서
눈비 맞은 누름꽃!

빛과 거짓

거짓은 반짝이고
진짜는 거짓이다,

빛으로 만든 거짓
사라진 얼굴이다

별빛은
영원하리라
거짓 아닌 소금이

가면 크기

마스크 크기만큼
상처를 가리고서

허물과 두려움을
그대는 이겨 냈다,

찢어진
그대를 위해
노래하는 마스크

제 4 부

윤동주 시인의 언덕

헤르쯔 아날로그

— 헤르쯔 작곡가를 생각하며

요체(要諦)가 깊은 가을
시선이 말을 하네

만남이 연주하고
감각이 곡을 쓰네

고요가
명작 만드는

헤르쯔는 예술가!

가지 탕

가지 안 돌돌 연어
입안이 잔치 열고

그 맛에 반해 버린
느낌이 춤을 추네

정원은
'소소한 풍경'
입맛으로 천국행

윤동주 언덕

부암동 시인의 길
별들이 소풍을 온

낙엽이 말라붙어
시어로 말 꽃피네

그대도
동주와 함께

고요하게 잠든 길

그대와 나는

하늘에 구름 놀고
강에는 오리 돌고

바다엔 물새 날고
산에는 동물들이

너와 나,
멀리 있으니
우린 서로 죽은 몸!

망각한 찰라

가을을 타고 가는
자연 속 들판 물결

KTX, 실내에는
TV가, 천장에서

허공에
불갑산 풍광

나를 깨운 어머니!

밀양역

친지가 사는 이곳
밀양역 지나가니

고모가 눈에 밟혀
이모가 부르시네

추억이
그리움마다
너를 잡는 그림자

몸 풀고

은혜로 살아가는
한 여자, 오직 그가

돌 보는 사랑 안에
몸 풀어 살아가는

길이요
진리인 것을
알고리즘 말하네

84세

서울행 KTX에
104, 9호 차는

플랫폼, 5번이다
그녀는 9번에서

기차를
기다리는데
오지 않는 그 사람!

목적이 없는 삶

애씀이 없는 성공
고난이 없는 영광

환각성 꼬임 불러
정체성 멸살시켜

그대는
사라져 가는
우물 안의 뜬구름

축복 여는 달님

날아와 축복 이는
포옹해 너와 나를

하늘이 주는 슬픔
바다가 주는 설렘

잠잠히
기도를 불러

사랑 여는 달님이

믿음 떡

자녀의 귀한 떡을
개에게 주지 않는

그분의 엄한 법칙
개들도 밥상 밑 떡

핥고서
살아가는 건
믿음만의 볕이다

특별한 삶

— 한 조카를 그리워하며

한 남자 인생에는
어머님 섬기는 일

그 남자 생애에는
마누라 돌보는 일

정해진
운명이었고
의무였던 귀한 삶!

제 5 부

바보 의사 장기려

부모, 희생

어머니 가슴만큼
큰 사랑 없으리라

아버지 등의 짐은
너희가 파먹는다

자녀는
부모 사랑을

먹고 자란 웬수다,

멋진 사람

궁정은 한계 있고
부정은 한계 없고

그들은 사랑으로
그리움 안고 사는

수모가
키운 인물이
단단하고 멋지다

미련 없는 관계

그대는 바람이고
그대는 눈물이고

당신은 고난이고
당신은 슬픔이고

장미꽃,
우리 사랑은

미련 없는 그리움

지구 꽃

하늘은 그들에게
사랑을 큰 선물로

지구는 모두에게
자연을 노래하고

사람은
지구의 꽃들

떨어지며 피는 꽃

미움은

미소는 귀엽는데
나눔은 더 예쁜데

미움은 사랑이고
감사는 희생인데

미움이
웃음을 거절

손잡아야 미소지

기쁘미

너와 나 사는 이유
기쁨을 나누려고

사랑은 높은 고통
이별은 깊은 홍복

나무가
헤어짐 없듯

그분만이 참 기쁨!

꽃, 젊음

그때는 꿈꾸었고
지금은 사랑하고

젊음은 두근두근
인생은 찬란하고

걱정은
소망을 향해

두려움을 내치고

반전의 위대함

박복한 당신 운명
십자가 목숨 구원

당당한 님의 모습
진리로 무장 이뤄

돌멩이
떡이 되라고,

하늘의 왕 승리자

별은 지고 뜨고

네 삶은 빛의 작품
그대는 천상 별꽃

그리움 우주이고
보고픔 별이 되네

마음에
별들이 뜨네

가슴의 별 또 지네

바보 의사

장기려 바보 의사
그에겐 집이 없고

장기려 착한 의사
그에겐 주님 있고

가난한
사랑 창고가

그의 생애 전부다

기차 안

화장실 가는 길도
핸드백 들고 간다,

푸른들 미소 익어
창밖은 정직한데

너는야,
타인 불신해
의심은요 편안해

플랫폼9

부산역 플랫폼9
그대와 헤어진 곳

눈물로 헤어짐은
그날이 살아오는

이곳을
지나노라면

보고파라 그 사랑

제 6 부

별은 지고 뜨고

그와 너
— 아리스토텔레스 말

'친구란 두 개 몸에
하나의 영혼이다'

하늘에 그가 있고
땅에는 네가 있다

우주적
거리라 해도

네 영혼에 깃든 그

만약에 고이모

고모가 그리우면
윤슬을 바라보고

이모가 보고프면
별들을 쳐다보라

그날은
밝은 별빛 꽃
보여 줄게 고이모!

괜찮은 외로움

자유를 사랑해서
자기를 좋아해서

새처럼 살고파서
바람을 연인으로

슬픔은
너의 짝이고
외로워도 괜찮다

망구꽃

밤잠은 짧아지고
낮잠은 길어졌고

밥그릇 줄어들어
음식은 거리 생겨

겨울꽃
뜨겁게 피는
아름다운 망구꽃!

무덤이 된 가슴

이태원 핼러윈 길
골목 안 괴성 소리

하늘은 검은 구름
소낙비 무덤 되고

핼러윈!
하늘이 울고
유족들이 죽었네

망모의 유서

너희들 꿈꾸었지
부모의 전 유산이

네게 만 남겨 주길
미안해, 미안하네

배고픈
이웃이 밟혀
너는 없다, 없다고

현시대

책 읽는 사람 없고
책 쓰는 사람 많네

책 선물 싫어하고
책 주면 버린다네

괜찮아,
나도 그렇다

다시 우리 책 펴자

모두 삭제해

한때는 고모라고
불러 주어 감동했고

한때는 이모라고
불러 주어 눈물 났고

하지만
낙화유수다
그 이름을 지워 줘

봉사자 아너 이명기

동생이 가입한 날
하늘이 싱그러운

그분은 헌신자를
아너로 축복하네

희생이
길러 낸 영광

그 이름이 빛나네

마감, 셀프 장례

연명은 포기 사인
주검은 대학 병원

유골은 흙이 안고
장례는 나무들이

옹고집,
탁월했음이
축복으로 끝나네

별꽃과 소녀

별들이 내려왔나!
들판에 가득한 꽃

소녀가 옷을 벗고
춤추는 가을 저녁

별꽃에
반한 소녀가
영혼으로 귀애해

몽상

그대는 왕자이고
우주엔 빛이 가득

너만의 시간에는
그대가 우상이다

건설된
그대 나라는

황금알이 별이네

제 7 부

만만세 아다지오

푸르른 밀당

이 땅을 떠나는 날
저 하늘 문이 열려

천사들 흰옷 입고
춤추며 환영하네

푸르른
땅과 하늘이

알콩달콩 밀당해!

타인은 적이다

— 장 폴 사르트르 말

출생은 죽음이다
'타인은 왕 적이다'

계절은 속임수다
그대도 내 적이다

내 안에
살던 동반자

튀어나온 빗뜬 달

마스크

타이거 마스크로
수천 겹 가리고는

서로를 등쳐 먹는
저들을 씨족 말려

가식이
서로 속이는
거짓 삶을 죽여라!

부모님, 참새 떼

황금벼 무르익은
벌판은 부모 사진

참새들 통역하네
천상의 부모 걱정

올곧게
살라 하시네
신신당부 참새 떼

만만세 아다지오

세월은 알레그로
빛으로 달려가고

시간은 네 영혼이
숨 가빠 못 따라가

계절의
발전소 꺼져

아다지오 만만세

미토콘드리아 지켜

건강이 으뜸 시대
운동이 지키는 너

음식은 싱싱하게
꼬옥 꼭 씹고 씹어

잠도 푹
달콤하게 자

그들만이 승리해

표류하는 낙하산

욕망은 부질없이
대나무 높이처럼

자라고 자라나서
구름을 이겨 내고

출세가
별처럼 높아

떨어지는 계명성

비우면 산다네

바다를 다 마시고
별까지 움켜쥐는

끝없는 허공으로
가슴속 채우려는

목마른
바람의 야망
끝이 없는 물너울

보라 꽃

보라색 망종의 꽃
결여는 사랑으로

들판을 바라보면
기억이 깊이 파인

귀천은
무궁히 피는
영혼에의 철쭉을

영혼 꽃

불귀는 시간 여행
정신의 에스코트

베푸는 몸의 선물
친절히 마감하고

떠나는
은빛 천상길

새 몸으로 빛나리

MT 시간

학우들 함께 모여
신나는 놀이 공부

거제도 푸른 섬들
얌전히 옹기종기

야망은
섬들에 주고

비워 내는 깨달음

경남정보대학교 동문들

만학이 성실하고
열정이 태양 같은

KIT 대학생들
학교의 자랑이자

대한의
미래를 여는

심청사달(心淸事達) 학도들!

해설

돈독한 신앙심과 삶의 옹달샘으로 담아낸 시조

— 이향영 시인의 시조 세계

신기용(문학평론가, 문학 박사)

1. 들어가기

이향영 시인의 성공적인 첫 시조집『만만세 아다지오』출간을 축하드린다. 이향영 시인의 신앙 시조들은 교리를 설명하지 않는다. 대신 신앙이 어떤 태도로 삶 속에 작동하는가를 반복적으로 묻는다.「신앙꽃」,「매일은 기적」,「부활 소망 이루다」,「히스기야처럼」,「하늘 왕」,「하늘 향기」에 이르는 흐름에서, 신앙을 초월의 담론에서 벗어나 관계 윤리와 일상의 감각으로 해석한다는 것을 읽을 수 있다. 이는 일관된 시적 선택이자 시인의 의도이다.

이들 시조에서 '하나님'을 신학적으로만 정의하지 않는다. 대신 이웃을 가족으로 받아들이는 감각, 일상을 기적으로 재인식하는 태도, 절실함으로 무릎 꿇는 자세 속에서 표출해낸다. 특히「매일은 기적」에서 은혜는 사건이 아닌 반복 속에 있다.「하늘 향기」에서 신앙은 명령이 아닌 향기로 확산한다. 이는 신앙을 주장하지 않고, 체화된 삶의 방식으로 제시하려는 의도일 것이다.

주목할 점은 개인적 구원에 머물지 않는다는 점이다. 「부활 소망 이루다」의 주체는 '나'가 아니라 '너희'이다. 「신앙꽃」에서 타인은 곧 '그분의 자녀'로 호명한다. 이향영의 신앙은 고백이 아닌 공동체적 실천을 전제한 신앙이다. 즉, 실천 신앙이다. 이는 한국 기독교 시조에서 흔히 보이는 교리적 확신이나 감정적 열광과 일정한 거리를 둔다.

신앙을 지나치게 긍정적 윤리로만 제시할 때, 갈등과 의심의 층위는 상대적으로 약화한다. 인용 시조들이 갖는 의미는 분명하다. 이향영의 신앙 시조는 신을 말하기보다 신 앞에서 삶의 태도를 말한다. 시조라는 정형 안에서 신앙을 일상의 언어로 번역해낸다는 점에서 안정된 성취를 보인다.

또한, 이향영 시인은 삶을 다룬 시조들에서 위로보다 직시를 선택한다. 「인생」, 「죽어서 사는 길」, 「시니어 시간」, 「목적이 없는 삶」, 「비우면 산다네」, 「인생 플러스」는 모두 삶을 미화하지 않는다. 오히려 노화, 죽음, 욕망의 공허, 성공의 허상을 정면으로 드러낸다. 이는 삶을 통과한 시선의 밀도를 확보한다.

특히 「시니어 시간」은 노년을 감상적으로 포장하지 않는다.

감각의 붕괴와 고독을 건조하게 배열한 뒤 "결국 우린, 홀로다"라는 구절로 귀결한다. 이는 체념이 아닌 인간 조건에 대한 냉정한 인식이다. 나아가 삶을 긍정하기 위해서라도 먼저 부정할 것을 정확히 인식해야 한다는 태도이다.

「죽어서 사는 길」과 「인생 플러스」에서는 죽음을 삶의 실패가 아닌 윤리적 완성으로 제시한다. 연명 치료 거부와 장기기증을 다룬 시선은 생명을 연장의 문제에서 천착하지 않고, 나눔과 마무리의 문제로 전환한다. 이는 생의 가치를 양적 시간에서 질적 태도로 이동시키는 사유이다.

또한, 「비우면 산다네」와 「목적이 없는 삶」은 현대 사회의 욕망 구조를 비판한다. 더 가지려 할수록 공허해지는 역설, 성공했음에도 정체성을 잃는 인간의 모습은 오늘의 독자에게 직접적인 질문을 던진다. 이 질문은 이미지와 압축된 언어로 제시한다는 점에서 시조적 미덕을 유지한다.

이향영 시인의 삶 시조는 결론을 서두르지 않는다. 대신 삶의 무게를 견뎌 낸 이후에야 도달할 수 있는 조용한 인식의 지점을 드러낸다. 이 시조집에서 삶은 극복의 대상이 아니다. 끝까지 통과해야 할 과정이다. 그 과정에서 비로소 신앙과 존엄이 서로를 비춘다.

2. 돈독한 신앙심을 노래한 시조

믿음은 누림이고
가슴의 슬픔 끈다

이웃이 그대 가족
사랑은 기쁨이다

타인도
그분의 자녀

사랑 맺은 신앙꽃

—「신앙꽃」 전문

인용 시조「신앙꽃」은 이미 주어진 삶의 상태로 신앙심을 재정의한다. 초장 전구의 "믿음은 누림이고"는 신앙을 획득하거나 증명해야 할 무엇으로 설정해 온 종교적 언어 관습을 단호하게 전복한다. 여기서 믿음은 미래의 보상도, 인내의 대가도 아니다. 이미 누리고 있는 현재형의 상태이다. 그 누림은 곧 초장 후구의 "가슴의 슬픔"을 끄는 삶의 태도로 작동한다. 신앙은 고통을 견딜 수 있게 하는 감각이라는 점에서 인용 시조의 출발점은 차분하면서도 분명하다.

인용 시조에 주목할 지점은 신앙의 방향성이다. 시조는 신을 직접적으로 호출하지 않는다. 대신 중장 전구의 "이웃이 그대 가족"이라는 선언을 통해 신앙의 좌표를 수직적 초월에서 수평적 관계로 이동시킨다. 신앙은 하늘을 올려다보는 일이 아닌 옆에 있는 사람을 가족으로 받아들이는 일이다. 이는 신앙을 개인적 구원의 내면사로 축소시키지 않고, 관계 윤리로 확장하는 태도이다. 특히 '그대 가족'이라는 호명은 공동체 안으로 편입된 존재로 인정한다는 점에서 강한 윤리적 함의를 지닌다.

중장 후구의 "사랑은 기쁨이다"는 미학적 핵심이기도 하다. 사랑을 희생이나 의무로 설명하지 않고, 기쁨으로 규정함으로써 신앙의 정서를 무겁게 만들지 않는다. 이는 종교적 언어가 흔히 빠지기 쉬운 도덕적 엄숙주의를 피하고자 하는 시인의 의도이다. 사랑은 신앙이 도달하는 자연스러운 상태라는 인식을 압축해 놓았다.

종장의 전개는 인용 시조의 윤리적 지평을 한층 더 확장한다. "타인도 / 그분의 자녀"라는 진술은 신앙 공동체의 경계를 해체한다. 여기서 타인은 신의 자녀로 인정한 존재이다. 이는 신앙을 배타적 정체성으로 삼지 않고, 보편적 인간 이해로 확장하는 시적 선택이다. 신앙을 하나의 관계망 안에 놓는 인식의 틀로 제시한다.

종장 결구의 “사랑 맺은 신앙꽃”은 앞선 모든 진술을 상징한다. 신앙은 사랑이라는 구체적 관계 속에서 피어난 꽃이다. 이 꽃은 기적처럼 갑자기 피지 않는다. 누림의 태도, 이웃을 가족으로 받아들이는 감각, 타인을 신의 자녀로 인식하는 윤리가 축적된 결과로 맺어진다. 시조의 형식적 압축은 이 결구에서 가장 효과적으로 작동한다. 이는 과잉 설명 없이 신앙의 결실을 이미지 하나로 정리한다.

인용 시조는 갈등과 의심의 국면을 의도적으로 비켜 간다. 신앙이 부딪히는 현실의 균열이나 사랑의 실패는 전면에 등장하지 않는다. 이것은 시인의 의도이다. 인용 시조는 신앙의 투쟁기를 쓰기보다, 신앙이 도달해야 할 윤리적 이상형을 정제된 언어로 제시한다. 그 점에서 신앙을 말하면서도 설교로 기울지 않는다. 시조라는 전통 형식 안에서 신앙을 삶의 언어로 번역해낸 안정된 성취를 표출한다.

또한, 인용 시조는 자유시로 표현하자면, 4연 7행 기사이다. 이 시조집의 대부분은 3연 7행 기사이지만, 종장의 결구를 연으로 갈이 한 시조가 여러 편 있다. 그 이유는 사유의 여백을 고려한 호흡 조절로 읽힌다. 매우 유효하다. 현대 시조에서 충분히 발휘할 수 있는 시인의 의도적인 장치라서 매우 돋보인다.

교만이 고개 든다
혼자만 잘났다고

일상이 기적 아닌
기적이 은혜인데

영성을
깨워 표현해
사랑하라 이웃을

—「매일은 기적」 전문

인용 시조「매일은 기적」은 신앙의 문제를 초월적 믿음의 영역이 아닌 인간 인식의 구조에서 출발한다. 초장 전구의 "교만이 고개 든다"는 신앙의 결핍을 불신이나 회의가 아닌 교만에서 찾는다. 이는 종교적 문제를 인간 내부의 태도 문제로 환원하는 중요한 전환이다. 교만은 세계를 오인하게 하고, 인식의 마비 상태를 만든다는 의미를 함축해 놓았다. 초장 후구의 "혼자만 잘났다고"는 교만이 개인의 우월감에서 비롯하며, 타인과 세계를 자기중심적으로 재단한다고 인식한다.

이러한 교만은 곧 일상의 왜곡된 인식으로 이어진다. 시인은 중장 후구의 “일상이 기적 아닌”을 통해, 독자의 통념을 그대로 드러낸 뒤, 다음 행 “기적이 은혜인데”에서 그 인식을 전복한다. 여기서 중요한 것은 ‘기적’과 ‘은혜’의 위치가 바뀐다는 점이다. 일반적으로 은혜는 기적이라는 특별한 사건을 통해서만 인식한다. 인용 시조에서 은혜는 일상에 스며 있는 기적 그 자체이다. 인간이 기적이라 부르는 사건은 은혜의 극히 일부에 불과하다. 매일의 삶 전체가 이미 은혜라는 인식을 제시한다.

이 전환은 신앙의 성격을 근본적으로 바꾼다. 이미 주어진 삶을 새롭게 인식하는 감각의 문제로 이동한다. 이 지점에서 시조의 핵심어 ‘영성’이 등장한다. 종장 전환구의 “영성을 / 깨워 표현해”에서 영성은 타고난 자질이나 신비 체험이 아니다. 잠들어 있는 인식을 깨우는 행위이다. 영성은 발견해야 할 무엇이다. 그 발견은 표현을 통해 비로소 현실화한다.

특히 주목할 점은 영성이 곧바로 윤리로 이어진다는 구조이다. 인용 시조는 영성을 설명하지 않는다. 대신 종장 결구에서 “사랑하라 이웃을”이라는 명령형으로 결론을 맺는다. 이는 신앙을 감정적 고양이나 내면의 확신에 머물게 하지 않고, 관계 속 실천으로 환원한다. 영성의 진위는 체험의 강도가 아니다. 타자를 향한 태도로 검증한다. 신앙은 여기서 내면의 문제이자 동시에 사회적 윤리로 작동한다.

형식적으로 볼 때, 인용 시조 특유의 압축과 전환을 효과적으로 활용한다. 초장의 교만 진단, 중장의 인식 전복, 종장의 윤리적 귀결은 단계적으로 긴밀하게 연결한다. 특히 종장의 명령은 설교처럼 보일 위험을 안고 있음에도, 앞선 인식 전환의 필연적 결과로 제시한다. 이는 시조의 미덕인 절제와 방향성을 잘 유지한 결과이다.

인용 시조는 신앙의 갈등이나 실패의 장면을 의도적으로 배제한다. 은혜의 인식은 비교적 명확하고, 윤리적 결론도 단선적이다. 신앙의 투쟁사를 서술하기보다, 신앙이 회복해야 할 기본 인식의 지점을 정확히 짚어 낸다.

결국, 인용 시조가 제시하는 메시지는 단순하지만, 가볍지 않다. 은혜는 특별한 순간에만 존재하지 않는다. 인간이 교만으로 놓쳐 온 매일의 삶 속에 이미 가득하다. 인용 시조는 인식의 갱신과 관계의 윤리로 재정의한다. 시조라는 정형 안에서 그 사유를 간결하게 완성한다.

삼위 신 하나로서

영광 옷 입으셨네

하나님 사랑해요!
예수님 자랑해요!
성령님 감사해요!

너희는
경배드리고
부활 소망, 이뤘네

—「부활 소망 이루다」 전문

인용 시조「부활 소망 이루다」는 신앙이 작동하는 정서와 태도의 장면을 제시하는 시조이다. 삼위일체라는 기독교 신학의 가장 추상적이고, 복합적인 개념을 이론적 언어로 풀어내지 않는다. 대신 초장 전구의 "삼위 신 하나로서 / 영광 옷 입으셨네"라는 간결한 진술을 통해, 분리와 설명의 영역을 건너뛰고 통합의 이미지로 직행한다. 삼위는 논증의 대상을 넘어선 이미 '하나'로 받아들여진 존재이다. 그 하나 됨은 '영광 옷'이라는 상징적 형상으로 가시화한다.

중장에 파격 배치한 세 개의 감탄문은 인용 시조의 정서적 중심을 이룬다. "하나님 사랑해요!", "예수님 자랑해요!", "성령님 감사해요!"라는 반복은 교리의 나열이 아니다. 감정의 호명이다. 주목할 것은 각각의 호명에 결합한 동사의 성격이다. 사랑, 자랑, 감사는 서로 다른 정서이면서 동시에 신앙이 삶 속에서 우러나는 믿음의 축이다. 하나님은 사랑의 대상으로, 예수는 삶을 통해 드러내고 싶은 자랑으로, 성령은 일상의 감사를 가능케 하는 힘으로 위치 지어진다. 삼위는 동일한 존재이지만, 인간의 삶 속에서는 각기 다른 관계적 감정으로 체화한다.

중장은 파격적이다. 시인의 의도적 느낌표의 반복과 직접적 호명은 자칫 찬가나 신앙 고백서로 기울 위험을 안고 있다. 그러나 종장에서 결정적인 방향 전환을 이룬다. 종장의 "너희는 / 경배드리고 / 부활 소망, 이뤘네"라는 결말은 화자의 내면 고백에서 공동체적 행위로 이동한다. 신앙은 '내가 무엇을 느끼는가'의 문제가 아니다. '너희가 어떻게 행하는가'의 문제로 전환한다.

특히 '너희'라는 복수 주체의 설정은 신학적 태도를 드러낸다. 부활은 공동체가 함께 이루는 신앙의 현재적 완성이다. 여기서 부활은 미래 시제가 아니다. 이미 "이뤘네"라는 과거 완료형으로 제시한다. 이는 부활을 경배라는 행위를 통해 이미 실현된 삶의 상태로 이해하는 관점이다.

또한, 인용 시조에서 경배는 소극적 복종이 아니다. 경배는 신앙 공동체를 하나로 묶는 행위이다. 그 행위 속에서 부활 소망은 추상적 개념에서 현실적 감각으로 변환한다. 신앙은 믿는 내용보다, 함께 행하는 태도 속에서 완성한다는 인식이 이 결말에 응축해 있다.

물론 인용 시조는 갈등과 회의, 신앙의 균열을 드러내지 않는다. 신앙은 비교적 명료하고 확신에 차 있다. 윤리적 긴장을 최소화해 놓았다. 신앙의 투쟁기를 쓰기보다, 신앙이 도달해야 할 정서적·공동체적 이상형을 압축적으로 제시한다. 삼위일체라는 난해한 신학 개념을 시조라는 전통 형식 안에서 감정과 행위의 언어로 전환해낸다는 점에서, 이향영 신앙 시조의 한 특징을 분명히 드러낸다.

> 간절히 기도하면
> 소망을 들으신다,
>
> 절실히 기도하면
> 태양도 멈추신다,
>
> 현대는

히스기야의

기도처럼 절실해

— 「히스기야처럼」 전문

인용 시조 「히스기야처럼」은 기도를 '응답을 얻기 위한 수단'이 아닌 시대를 견디는 인간의 태도로 재정의한다. 간결한 반복 구조를 통해 기도의 본질을 점층적으로 드러낸다. 초장의 "간절히 기도하면 / 소망을 들으신다"와 중장의 "절실히 기도하면 / 태양도 멈추신다"는 형식적으로 유사하다. 의미의 층위는 다르다. 초장이 인간의 바람과 신의 응답 사이의 관계를 말한다면, 중장은 그 관계를 신화적 과장으로 밀어 올린다. 태양이 멈춘다는 표현은 기도가 지닌 극한의 절실함을 상징하는 언어이다.

인용 시조에서 기도가 절실해질수록 세계의 질서가 흔들릴 정도의 긴장이 발생한다는 인식이 중심에 놓여 있다. 이는 기도를 세계와 맞닿는 행위로 확장하는 시적 사고이다. 기도는 은밀한 독백을 넘어선 인간이 자신을 세계 앞에 온전히 노출하는 태도이다.

결정적인 전환은 종장에서 이루어진다. "현대는 히스기야의 기도처럼 절실해"는 성서 속 인물을 과거에 고정하지 않는다. 히스기야를 '절실함'의 표상으로 재호명한다. 고대의 왕은 현대를 비추는 거울로 기능하며, 시조의 시간 축은 성서 시대에서 현재로 급격히 이동한다. 이로써 기도는 특정 종교 서사의 일부가 아닌 오늘을 살아가는 인간에게 요구되는 보편적 태도로 놓인다.

이 지점에서 신앙과 현실을 분리하지 않는다. '현대'라는 단어는 절실함을 상실한 세계에 대한 진단이다. 풍요와 정보, 기술의 시대일수록 인간은 기도하지 않는다. 기도하지 않기에 더욱 절실해진다. 이 역설을 짧은 행간에 응축해 놓았다. 기도는 문제 해결의 도구가 아니다. 인간이 자신의 한계를 자각하는 태도이다. 그 자각이야말로 신앙의 출발점이라는 인식이 드러난다.

형식적으로 보았을 때, 시조의 반복과 종결 구조를 효과적으로 활용한다. 초장과 중장의 반복은 독자를 리듬 속에 머물게 하면서, 종장에서 의미의 도약을 가능하게 한다. 특히 산문에 가까운 종장은 정형의 긴장을 일부러 느슨하게 풀어, 메시지를 현재로 밀어 넣는 역할을 한다. 이는 전통 시조 형식 안에서 현대적 발화를 시도한 지점으로 평가할 수 있다.

물론 인용 시조는 기도의 실패나 침묵, 응답되지 않는 기도의 경험을 다루지 않는다. 그러나 얼마나 절실한가이다. 기도는 인간이 자신과 시대를 직면하는 가장 정직한 태도라는 인식이 핵심이다.

당신은 사랑이고
당신은 거룩이고,

당신은 별이시고
당신은 달이시다,

너에게
빛과 소금은

하늘의 왕 진리다

—「하늘 왕」 전문

인용 시조「하늘 왕」은 신을 찬미하는 언어를 나열하는 데서 멈추지 않는다. 신앙의 대상을 묘사하는 방식 자체를 문제 삼는다. 존재 인식에서 윤리로 이동하는 신앙의 구조를 간결하게 드러낸다. 초장은 "당신은 사랑이고 / 당신은 거룩이고,"라는 반복으로 시작한다. 이 반복은 규정의 시도이다. 사랑과 거룩은 감정이나 도덕적 기준을 넘어, 신의 존재 양식을 설명하는 핵심 개념이다.

이어지는 중장 "당신은 별이시고 / 당신은 달이시다,"는 신을 자연물로 비유한다. 별과 달은 스스로를 드러내지 않으면서도 밤의 질서를 형성한다. 이 비유는 신의 권위를 방향과 질서를 제공하는 빛으로 재해석한다. 하늘의 왕은 지배자가 아닌 길잡이다. 신의 통치는 강제가 아닌 비추는 은혜로 이루어진다.

이러한 존재 인식은 종장에서 윤리적 명령으로 전환한다. "너에게 / 빛과 소금은 / 하늘의 왕 진리다"라는 결말은 신앙의 중심을 화자의 고백에서 청자의 책임으로 이동시킨다. 빛과 소금은 성서적 은유이지만, 인용 시조에서는 실천의 기준으로 기능한다. 신이 무엇인지를 아는 것만으로는 충분하지 않다. 신을 왕으로 고백하는 순간, 인간은 그 왕의 질서를 삶 속에서 구현해야 한다.

특히 주목할 점은 '너에게'라는 호명의 위치이다. 신을 향하던 시선이 인간에게로 급격히 이동하면서, 시조는 찬미시에서 윤리시로 전환한다. 신앙은 초월적 대상에 머물지 않고, 인간의 삶을 규정하는 기준으로 내려온다. 이때 진리는 교리가 아닌 태도의 이름이다. 빛과 소금은 세상을 변화시키기 위한 수단이 아니다. 존재 방식 그 자체이다.

형식적으로 인용 시조는 반복을 통해 안정적인 리듬을 형성하고, 종장에서 의미의 방향을 틀어 긴장을 만든다. 초장의 병렬 구조는 신의 속성을 차분히 쌓아 올린다. 중장은 자연적 이미지로 그 속성을 확장한다. 종장은 윤리적 귀결로 단번에 수렴한다. 시조의 기승전결 구조가 비교적 명확하게 작동한다.

인용 시조는 신앙의 갈등이나 모순을 드러내지 않는다. 신은 온전히 긍정적이다. 인간의 책임 역시 명확하다. 이는 단순화라기보다 신앙의 핵심을 압축하려는 의도로 읽힌다. 신앙의 복잡한 논쟁을 생략한 대신, 신앙이 삶에 요구하는 최소한의 태도를 또렷하게 제시한다.

인용 시조에서 '왕'은 질서와 진리의 이름이다. 하늘의 왕을 고백한다는 것은 세상의 기준을 따르지 않고, 빛과 소금의 태도로 살아가겠다는 선언이다. 신앙을 찬미의 언어에서 윤리의 실천으로 이행한다. 시조라는 짧은 형식 안에서 신앙의 구조를 단정하게 완성한다.

마음에 피는 심화(深化)

그분의 희생 사랑

너희의 미래이고
지구의 향내이다,

그분은
너에게 깊이
뿌리내린 하늘 꽃!

—「하늘 향기」 전문

인용 시조 「하늘 향기」는 신앙을 명령이나 교리의 언어로 제시하지 않는다. 감각의 영역, 그중에서도 '향기'라는 비가시적 감각으로 번역한다. 신앙을 이해하거나 설명해야 할 대상으로 삼지 않는다. 대신 신앙이 어떻게 삶 속에 스며들고, 어떻게 세계를 변화시키는지를 감각적 이미지로 드러낸다. 초장 전구의 "마음에 피는 심화(深化)"는 신앙이 내면에서 서서히 깊어지는 과정임을 암시한다. 신앙은 마음의 층위를 따라 점점 깊어지는 운동이다.

초장 후구의 "그분의 희생 사랑"은 심화의 동력이 무엇인지를 밝힌다. 희생을 고통의 서사로 강조하지 않는다. 여기서 희생은 비극적 사건이라기보다, 사랑이 도달한 가장 깊은 상태로 제시한다. 사랑의 완성으로 바라보는 관점은 시조 전반의 정서를 차분하게 유지한다. 신앙을, 믿음을 바탕으로 한 깊어지는 감각의 문제로 다룬다.

중장에서 시조는 신앙의 지평을 개인의 내면에서 세계로 확장한다. 중장의 "너희의 미래이고 / 지구의 향내이다"는 신앙이 개인 구원의 문제에 머물지 않음을 분명히 한다. 신앙은 미래를 가능하게 하는 힘이다. 지구 전체에 퍼지는 향기이다. 여기서 '향내'는 지배하거나 통제하지 않는다. 향기는 눈에 보이지 않지만, 분명히 존재한다. 강요하지 않으면서도 공간을 바꾼다. 이는 신앙의 작동 방식을 은유적으로 정확히 포착한 이미지이다.

종장의 전개는 이 시조의 핵심을 집약한다. "그분은 / 너에게 깊이 / 뿌리내린 하늘 꽃!"이라는 표현은 신앙을 외부의 초월적 명령으로부터 해방시킨다. 신은 하늘에만 머무는 존재가 아닌 이미 인간의 삶 속에 '뿌리내린' 존재이다. '하늘 꽃'이라는 역설적 결합은 초월과 내재를 동시에 품는다. 신앙은 하늘에서 내려오지만, 땅 위의 삶 속에서 자란다.

형식적으로 볼 때, 시조의 압축미를 최대한 활용한다. 각 행은 설명을 덧붙이지 않으면서도 의미의 층위를 확보한다. 특히 종장의 '깊이'라는 부사는 초장의 '심화'와 호응한다. 시조 전체를 하나의 순환 구조로 묶는다. 시작과 끝이 모두 깊이에 닿아 있다는 점에서 구조적으로도 안정하다.

인용 시조는 신앙의 갈등이나 부정의 국면을 전면화하지 않는다. 향기는 언제나 긍정적이다. 희생은 고통보다 의미로 환원한다. 이는 신앙의 현실적 긴장을 희석시키는 위험을 안고 있지만, 동시에 이향영 시조의 분명한 지향이기도 하다. 신앙을 세계와 공존하는 감각의 언어로 제시한다. 신앙이 삶을 압도하지 않고, 삶을 조용히 변화시키는 방법이 무엇인지를 말한다. 시조라는 정형 안에서 신앙의 미학적 가능성을 차분하게 확장한다.

3. 삶을 성찰하고 타진한 시조

어릴 때 찬 기저귀
늙으면 다시 찬다!

민망히 여기더니,
그분의 섭리인걸

꽃들은
고되게 살다
하늘나라 입성해

—「인생」 전문

인용 시조「인생」은 삶의 시간성을 순환의 구조로 이해한다. 초장의 "어릴 때 찬 기저귀 / 늙으면 다시 찬다!"는 인생을 관통하는 인식을 스핑크스 수수께끼처럼 제시한다. 어린 시절에 차던 기저귀가 노년에 이르러 다시 필요하다는 진술은, 인간이 삶을 경험하며 얻는 가장 근본적인 깨달음 중 하나를 정확히 짚는다. 유아와 노년이 닮아 있다는 통찰을 이 짧은 구절에 응축해 놓았다.

중장에서 화자는 자신의 과거 태도를 되돌아본다. 중장 전구의 "민망히 여기더니,"라는 표현은 자책이나 회한을 과도하게 드러내지 않는다. 대신 삶을 통과한 뒤에야 비로소 도달하는 부끄러운 깨달음을 담담하게 제시한다. 이 민망함은 세계를 제대로 이해하지 못했던 과거의 자신에 대한 인식이다. 중장 후구의 "그분의 섭리인걸"이라는 진술은 인생의 의미를 더 큰 질서 속에서 재배치한다. 삶을 받아들여야 할 흐름이라는 인식을 드러낸다.

이 시조에서 신앙은 교리를 설명하는 방식으로 나타나지 않는다. 섭리는 이론이 아니다. 경험의 언어로 제시한다. 인생을 살아본 뒤에야 비로소 체감하는 질서, 그 질서를 인정하는 태도가 곧 신앙의 자리이다. 이는 신앙을 노년의 성찰과 수용의 언어로 옮겨 놓는 선택이다.

종장에 등장하는 꽃의 이미지는 인식 구조를 완성한다. 종장의 "꽃들은 / 고되게 살다 / 하늘나라 입성해"라는 표현은 인간의 생을 자연의 순환과 겹쳐 놓는다. 꽃은 화려한 순간보다 '고되게 살다'라는 과정으로 정의한다. 이 과정 끝에 '입성'하는 하늘나라는 보상의 개념이라기보다 귀속의 장소에 가깝다. 삶은 성공 여부로 평가하지 않는다. 얼마나 충실히 살아냈는지가 중요하다는 윤리가 이 이미지에 담겨 있다.

형식적으로 볼 때, 시조의 단정한 구조를 잘 유지한다. 초장의 인식 제시, 중장의 성찰, 종장의 상징적 결말은 전통 시조의 전개 방식을 충실히 따른다. 특히 감탄 부호가 붙은 초장과 달리, 종장은 조용히 가라앉으며 시조 전체를 수용의 정조로 마무리한다. 이 리듬의 변화는 인생의 시간적 흐름과도 상응한다.

물론 인용 시조는 인생의 균열이나 비극적 국면을 전면화하지 않는다. 고통은 종장 전환구에서 "고되게 살다"로 압축한다. 이 압축은 선택이다. 삶을 투쟁의 연속으로 그리기보다, 결국 받아들이게 되는 질서의 이야기로 제시한다. 그 점에서 시간을 통과한 시선의 시조이다.

인용 시조는 삶을 해석하려 들지 않는다. 대신 삶을 살아낸 뒤에야 얻어지는 인식의 자리를 조용히 제시한다. 인생의 섭리는 늘 거기 있었다. 다만, 인간이 인생의 과정을 통찰하는 데 시간이 필요했을 뿐이다. 그 늦은 깨달음의 순간을 과장 없이, 단단하게 붙잡는다.

내 호흡 연명 거부
장기가 필요한 곳

그들이 해부하는
의학도 손끝의 꽃

죽음이
다시 태어나
태양으로 빛나네

—「죽어서 사는 길」 전문

인용 시조 「죽어서 사는 길」은 죽음을 종결의 사건으로 이해하지 않는다. 윤리적 선택을 통해 새롭게 생성되는 삶의 형식으로 사유한다. 추상적 명상이나 상징적 죽음을 다루지 않는다. 오히려 '연명 거부', '장기', '해부', '의학도'라는 구체적

이고, 현대적인 어휘를 전면에 배치함으로써, 죽음이 오늘날 어떤 방식으로 현실화되는지를 정면에서 다룬다. 이는 전통 시조에서 흔히 볼 수 없는 소재 선택이다.

초장의 "내 호흡 연명 거부 / 장기가 필요한 곳"은 죽음을 운명이나 사고가 아닌, 의식적 결정의 결과로 제시한다. 화자는 자신의 생명을 붙잡는 대신, 다른 생명을 살리는 선택을 한다. 여기서 죽음은 포기가 아니다. 분배의 행위이다. 생명은 개인의 소유물이 아닌 필요에 따라 흘러갈 수 있는 자원으로 인식한다. 이 인식은 생명의 신성함을 부정하지 않는다. 생명을 더 넓은 윤리적 지평으로 확장한다.

중장에서 시선은 의료 현장으로 이동한다. 중장의 "그들이 해부하는 / 의학도 손끝의 꽃"이라는 표현은 해부라는 냉정한 행위 속에 '꽃'이라는 미학적 이미지를 삽입한다. 이 꽃은 의학도의 손끝에서 피어나는 생명 윤리의 상징이다. 해부는 배움이다. 죽음은 지식과 생명의 매개이다. 시인은 죽음의 물질적 현실을 회피하지 않으면서도, 그 안에서 존엄의 가능성을 포착한다.

종장은 사유를 우주적 차원으로 확장한다. "죽음이 / 다시 태어나 / 태양으로 빛나네"라는 결말은 단순한 은유가 아니다. 태양은 모든 생명의 근원이자 순환의 중심이다. 죽음이

태양으로 변한다는 진술은 한 개인의 생이 끝나는 순간, 그 에너지가 더 큰 생명의 질서로 환원한다는 인식을 드러낸다. 이는 종교적 부활 서사에 닿아 있지만, 그 표현 방식은 극히 절제미를 드러낸다. 기적이나 신의 개입 대신, 윤리적 선택과 자연의 순환이 중심에 놓인다.

형식적으로 시조의 압축성과 현대적 어휘의 결합이라는 어려운 과제를 비교적 안정적으로 수행한다. '연명 거부'나 '해부' 같은 산문적 단어들은 자칫 시조의 리듬을 깨뜨릴 위험이 있다. 그러한 위험을 감수하면서, 삶과 죽음의 문제를 미화 없이 드러내는 데 성공한다. 종장의 상징적 상승은 앞선 현실적 서술과 대비를 이룬다. 이는 인용 시조 전체에 구조적 긴장을 부여한다.

장기 기증과 죽음의 윤리적 갈등을 충분히 전개하지는 않는다. 선택의 고통이나 가족의 시선은 생략돼 있다. 이는 시조라는 형식이 요구하는 절제의 결과이다. 논쟁을 제시하기보다, 하나의 윤리적 이상형을 또렷이 제시한다.

인용 시조가 도달하는 지점은 분명하다. 죽음은 끝이 아닌 관계의 방식이 바뀌는 순간이다. 생명은 사라지지 않고, 다른 생명의 빛으로 전이한다. 현대 사회의 가장 첨예한 문제 중 하나를 시조라는 전통 형식 안에 끌어들여 죽음을 두려움이 아닌 윤리적 빛으로 전환하는 사유의 가능성을 표출한다.

소리가 이탈하고
사물은 음계 망각

위장이 줄어들고
음식은 리듬 잃고

핏줄은
못 떠나가도
결국 우린, 홀로다

—「시니어 시간」 전문

인용 시조「시니어 시간」은 노년을 생물학적 쇠퇴나 정서적 회한으로 묘사하지 않는다. 시간을 감각의 해체 과정으로 포착한다. 인간이 세계와 맺어온 관계가 어떻게 느슨해지고 분리되는지를 정밀하게 드러낸다. 작품은 신체의 변화보다 먼저 감각의 어긋남을 제시한다. "소리가 이탈하고 / 사물은 음계 망각"이라는 초장은 세계가 더는 조화로운 체계로 인식되지 않는 상태를 상징한다. 소리는 제자리를 잃고, 사물은 리듬과 음계를 잊는다. 이는 청각적 이미지이지만, 실제로는 세계 전체의 질서가 무너지는 경험의 은유이다.

이 감각의 붕괴는 개인의 내부에서만 일어나는 일이 아니다. 세계가 더 이상 화자에게 맞춰 연주되지 않는다는 인식이 담겨 있다. 젊은 시절 세계는 하나의 악보처럼 읽혔고, 인간은 그 안에서 자연스럽게 움직였다. 노년에 이르러 세계는 더 이상 익숙한 선율을 제공하지 않는다. 이는 상실이라기보다, 관계의 변화이다.

중장은 이 변화를 신체적 차원으로 구체화한다. "위장이 줄어들고 / 음식은 리듬 잃고"라는 구절은 생물학적 노화를 직접 언급하지만, 그 표현은 은유이다. 음식은 삶의 리듬을 구성하는 요소였다. 리듬을 잃은 음식은 생존을 위한 기능으로만 남는다. 이때 노년은 의미가 벗겨진 시간으로 나타난다. 세계는 여전히 존재하지만, 예전과 같은 방식으로 다가오지 않는다.

종장은 사유를 정면으로 끌어올린다. "핏줄은 / 못 떠나가도 / 결국 우린, 홀로다"라는 결말은 인간 관계의 본질을 냉정하게 드러낸다. 혈연은 물리적으로 연결해 있지만, 존재의 마지막 순간까지 동행하지는 못한다. 이 진술은 체념이 아니라 사실의 인정에 가깝다. 고독을 인간 존재의 조건으로 제시한다.

특히 "결국 우린, 홀로다"라는 종장 결구는 감정적 여백을 남긴다. 슬픔이나 절망의 어조를 최소화해 놓았다. 쉼표는 망설임처럼 읽힌다. 이는 단언이면서도 성찰의 여지를 열어 두는 장치이다. 이 시조는 고독을 극복하라고 말하지 않는다. 대신 고독을 인식하는 순간에 도달했음을 드러낸다.

형식적으로 볼 때, 시조의 균형을 안정적으로 유지한다. 초장은 감각의 해체, 중장은 신체의 변화, 종장은 존재의 조건이라는 세 층위를 명확히 구분하면서도 긴밀하게 연결한다. 음악적 은유에서 출발해 철학적 결론으로 도달하는 구조는 짧은 정형시의 미덕을 잘 살린 사례이다.

물론 노년의 또 다른 가능성, 예컨대 새로운 관계나 내적 평온을 제시하지 않는다. 위로의 시조가 아닌 정확한 인식의 시조이다. 노년을 미화하지 않는다. 고독을 감정적으로 소비하지도 않는다. 대신 인간이 시간의 끝자락에서 마주하게 되는 감각의 변화와 존재의 조건을 차분하게 응시한다.

삶의 후반부를 설명하려 들지 않는다. 다만 그 시간이 어떤 감각으로 도래하는지를 정확히 기록한다. 소리가 어긋나고, 리듬이 사라지고, 관계가 느슨해진 자리에서 남는 것은 고독이다. 그 고독을 두려움 없이 받아들이는 인식의 순간을 정제된 언어로 포착한다. 시조가 노년의 사유를 담아낼 수 있는 충분한 그릇임을 증명한다.

애씀이 없는 성공
고난이 없는 영광

환각성 꼬임 불러
정체성 멸살시켜

그대는
사라져 가는
우물 안의 뜬구름

—「목적이 없는 삶」 전문

인용 시조「목적이 없는 삶」은 성공과 영광을 향한 욕망을 비판하는 도덕적 훈계에 머물지 않는다. 초장의 "애씀이 없는 성공 / 고난이 없는 영광"은 현대 사회가 이상화해 온 성취의 허구성을 단정적으로 드러낸다. 노력 없는 결과, 통과 의례 없는 보상은 매혹적이지만, 그 매혹 자체가 이미 공허의 징후임을 예리하게 지적한다.

인용 시조에서 성공과 영광은 긍정적 가치가 아니다. 인간을 시험하는 유혹의 형식으로 제시한다. 애씀과 고난을 제거

한 순간, 성공은 더 이상 삶의 방향을 부여하지 못한다. 방향 없는 성취는 목표를 상실한 채 반복 소비한다. 그 결과 인간은 자신이 누구인지조차 규정하지 못한다. 이 지점에서 윤리적 판단을 넘어 존재론적 문제로 진입한다.

중장의 "환각성 꼬임 불러 / 정체성 멸살시켜"는 강한 어휘로 압축한다. '환각성'이라는 표현은 성공이 현실을 왜곡하는 방식으로 작동함을 암시한다. 인간은 자신의 위치와 한계를 정확히 인식하지 못한 채, 허구의 이미지 속에서 스스로를 소비한다. 그 결과 정체성은 서서히 붕괴한다. 주체는 자신을 설명할 언어를 잃는다. 인용 시조가 말하는 멸살은 폭력적 파괴가 아닌 자발적 소거이다.

종장은 이 붕괴된 주체의 형상을 구체적 이미지로 제시한다. 종장 "그대는 / 사라져 가는 / 우물 안의 뜬구름"이라는 비유는 핵심이다. 뜬구름은 본래 실체 없는 존재이지만, 그것이 우물 안에 갇힐 때조차 방향과 자유를 상실한다. 우물은 제한된 세계, 좁은 인식의 틀을 상징한다. 그 안에서 떠 있는 구름은 자유의 환상만을 간직한 채 서서히 소멸한다. 이 이미지는 목적 없는 삶이 도달하는 종착지를 시각적으로 명확하게 표출한다.

형식적으로 볼 때, 인용 시조의 단정한 전개를 충실히 따른다. 초장은 문제 제기, 중장은 원인과 결과의 압축, 종장은 상징적 결론이라는 구조가 분명하다. 특히 종장의 이미지 선택은 설명을 최소화하면서도 의미를 극대화한다. 독자는 이 이미지를 통해 스스로 삶의 방향과 목적을 되묻게 된다.

인용 시조는 대안을 직접 제시하지 않는다. 목적이 무엇인지, 고난이 왜 필요한지는 설명하지 않는다. 답을 제공하기보다, 질문을 남긴다. 이 질문은 독자 각자가 자신의 삶을 되돌아보게 만드는 힘을 지닌다.

성공을 부정하지 않는다. 다만, 성공이 삶의 목적을 대체할 때 발생하는 공허를 정확히 겨냥한다. 고난 없는 영광은 인간을 고양시키지 못하고, 오히려 존재를 지운다. 이 단순하지만, 불편한 진실을 시조라는 정형 안에서 단단하게 고정한다. 현대인의 삶에 날카로운 균열을 가한다.

바다를 다 마시고
별까지 움켜쥐는

끝없는 허공으로
가슴속 채우려는

목마른

바람의 야망

끝이 없는 물너울

—「비우면 산다네」 전문

인용 시조「비우면 산다네」는 욕망의 과잉을 비판하는 교훈시가 아니다. 초장의 "바다를 다 마시고 / 별까지 움켜쥐는"은 인간 욕망의 스케일을 극단적으로 확대한다. 바다와 별은 각각 생명의 원천과 초월의 상징이다. 이를 모두 소유하려는 시도는 단순한 탐욕이 아니다. 세계 전체를 자기 안에 흡수하려는 충동을 의미한다.

이 과잉은 곧 공허로 이어진다. 중장의 "끝없는 허공으로 / 가슴속 채우려는"이라는 표현은 채움의 역설을 정확히 드러낸다. 허공은 본질적으로 채울 수 없는 대상이다. 화자는 허공을 가슴속에 채우려 한다. 이는 욕망이 결핍 그 자체를 향하고 있음을 드러낸다. 인간은 더 많은 것을 가지려 하지만, 욕망은 실체 없는 공백을 향해 반복적으로 작동한다.

종장 전환구의 "목마른 / 바람의 야망"은 이 상태를 자연현상에 비유한다. 바람은 본래 형태를 가지지 않으며, 머무르지 않는다. 그런 바람이 '목마르다'는 표현은 욕망의 자기모순을 상징한다. 바람은 아무리 많은 것을 스쳐도 채워지지 않는다. 인간의 욕망은 바람처럼 끊임없이 움직이지만, 그 움직임은 충족이 아닌 소모를 낳는다.

종장 결구의 “끝이 없는 물너울”은 욕망의 최종 형상을 제시한다. 물너울은 파도의 일렁임으로, 방향 없이 반복되는 운동이다. 이는 목적을 상실한 욕망의 상태를 은유로 표현한 것이다. 욕망은 더 이상 도달해야 할 목표를 갖지 않고, 스스로를 반복하는 운동으로만 남는다. 이때 삶은 축적이 아닌 피로의 연속이다.

형식적으로 시조의 긴장과 압축을 잘 활용한다. 초장의 과잉 이미지, 중장의 인식 전환, 종장의 순환적 결말은 하나의 사유 곡선을 이룬다. 특히 종장의 이미지가 제목과 직접적으로 설명 관계를 맺지 않는 점이 중요하다. “비우면 산다네”라는 제목은 선언이지만, 본문은 그 선언의 이유를 묵묵히 증명할 뿐이다.

인용 시조는 비움의 구체적 방법을 제시하지 않는다. 어떻게 비워야 하는지, 무엇을 내려놓아야 하는지는 말하지 않는다. 이는 미학적 선택이다. 해법을 제시하기보다, 욕망의 구조를 인식하게 만드는 데 초점을 둔다. 독자는 물너울처럼 반복되는 자신의 욕망을 떠올리며, 자연스럽게 비움의 필요성에 도달할 것이다.

인용 시조는 삶을 단순화하라고 말하지 않는다. 비움은 결핍이 아닌 방향을 되찾는 행위이다. 바다를 마시고 별을 움켜쥐려는 야망을 내려놓을 때, 비로소 삶은 허공이 아닌 자기 자신의 자리로 돌아온다. 시조라는 짧은 형식 안에서 욕망의 본질을 응시하며, 비움이 왜 생의 방향성인지를 설득력 있게 표현한다.

사알자 존엄하게
존엄성 있게 죽자

사는 게 성공이고
죽으면 승리한다,

성도는
무덤이 사는
소망 있는 천국!

—「인생 플러스」 전문

인용 시조「인생 플러스」는 삶과 죽음을 대립시키지 않는다. 삶을 완성하는 방향을 제시한다. 처음부터 강한 윤리적 선언으로 시작한다. 초장의 "사알자 존엄하게 / 존엄성 있게 죽자"라는 반복적 명령은 삶과 죽음을 하나의 연속선 위에 놓는다. 존엄은 어떻게 사느냐와 어떻게 죽느냐는 분리할 수 없다. 하나가 무너지면 다른 하나도 성립하지 않는다.

중장의 "사는 게 성공이고 / 죽으면 승리한다."는 인식 전환을 집약한다. 성공과 승리라는 세속적 어휘가 삶과 죽음에 배치하면서, 가치의 기준을 전복한다. 여기서 성공은 삶을 끝까지 살아 낸 사실 그 자체이다. 승리는 죽음을 두려움의 대상으로 남기지 않았다는 태도에서 발생한다. 삶과 죽음은 하나의 경기 안에서 이어지는 단계로 재구성한다.

인용 시조는 종교적 어휘를 사용하지만, 위로의 언어로 흐르지 않는다. 종장의 "성도는 / 무덤이 사는 / 소망 있는 천국!"은 죽음 이후의 세계를 묘사하면서도, 그 무게를 과장하지 않는다. 무덤이 '사는' 장소라는 표현은 역설적이다. 죽음의 상징인 무덤이 삶의 공간으로 전환하는 순간, 신앙은 죽음을 재해석하는 힘으로 기능한다. 천국은 죽음을 의미의 끝으로 만들지 않는 인식의 자리이다.

형식적으로 명령형과 단정적 진술을 과감하게 사용한다. 이는 시조의 압축된 구조 안에서 비교적 안정적으로 통제한다. 초장의 반복은 윤리적 기준을 제시하고, 중장은 가치의 전복을 단정하며, 종장은 상징적 결론으로 여지를 남긴다. 특히 종장의 감탄 부호는 인식의 도달 지점을 표시하는 역할을 한다.

인용 시조는 존엄한 죽음이 구체적으로 무엇인지, 어떤 선택을 요구하는지는 설명하지 않는다. 연명 치료, 고통, 상실의 문제는 직접적으로 다뤄지지 않는다. 이는 시조라는 형식이 감당할 수 있는 범위에 대한 자각이다. 이 작품은 정책이나 윤리 강령을 말하지 않는다. 대신 삶과 죽음을 관통하는 태도의 방향을 제시한다.

인용 시조가 말하는 '플러스'는 수명의 연장이 아니다. 그것은 삶에 덧붙여지는 질적 가치이다. 존엄하게 사는 태도는 존엄하게 죽는 태도로 이어진다. 그 연속성 속에서 삶은 끝난 뒤에도 의미를 남긴다. 인용 시조는 죽음을 삶의 반대편에 두지 않고, 삶의 의미를 확정 짓는 종장으로 끌어들인다. 그 점에서 생과 사를 분리해 사고해 온 현대인의 관성을 조용히 수정한다. 시조라는 전통 형식이 여전히 삶의 근본 문제를 사유할 수 있음을 증명한다.

4. 나가기

이향영 시인의 시조 세계는 신앙과 삶을 분리하지 않고, 일상의 윤리와 태도의 문제로 함께 사유한다는 점에서 분명한 성취를 이룬다. 그의 신앙 시조는 교리를 설명하거나 신학적 확신을 과시하기보다, 신앙이 삶 속에서 어떻게 감각되고, 실천되는가를 묻는다. 하나님은 초월적 개념이 아닌 이웃을 가족으로 받아들이는 관계 속에서, 반복되는 일상을 기적으로 인식하는 태도 속에서 드러난다. 신앙은 고백이 아닌 삶의 방식이며, 개인적 구원에 머물지 않고 공동체적 책임으로 확장해 나간다.

삶을 다룬 시조들 역시 위로나 미화 대신 직시와 성찰을 택한다. 노년의 고독, 죽음의 윤리, 성공과 욕망의 허상, 비움의 필요성 등 삶을 통과한 시선으로 담담하게 제시한다. 특히 죽음은 실패가 아닌 삶을 완성하는 윤리적 선택의 자리로 재해석하며, 존엄한 삶과 존엄한 죽음을 하나의 연속선 위에 놓는다. 이향영 시인의 시조에서 삶은 극복의 대상이 아닌 끝까지 견디며 통과해야 할 과정이다.

결국, 이번 시조집에서 신앙은 삶을 압도하지 않고, 삶을 조용히 비추는 빛으로 작동한다. 시조라는 정형 안에서 신앙은 향기처럼 퍼지고, 삶은 깊이를 얻는다. 이향영 시인의 시조는 신앙과 삶이 서로를 비추는 지점에서, 한국 현대 시조가 도달할 수 있는 또 하나의 안정된 가능성을 제시한다.

만만세 아다지오

– 이바구 시선 30

발　행 | 2026년 2월 11일 초판 1쇄 발행
지은이 | 이향영
펴낸이 | 신기용
펴낸곳 | 도서출판 이바구
부산광역시 부산진구 동성로143(전포동 신우빌딩) 318호
T. 010-6844-7957
등　록 | 제329-2020-000006호
인쇄소 | 디자인앤

 ISBN 979-11-24003-07-7(03810)
정 가 / 13,000원